Tiburones azules

Grace Hansen

abdopublishing.com

Published by Abdo Kids, a division of ABDO, PO Box 398166, Minneapolis, Minnesota 55439.

Printed in the United States of America, North Mankato, Minnesota.

102016

012017

Spanish Translator: Maria Puchol

Photo Credits: Corbis, iStock, Seapics.com, Science Source, Shutterstock, Thinkstock

Production Contributors: Teddy Borth, Jennie Forsberg, Grace Hansen

Design Contributors: Laura Rask, Dorothy Toth

Publisher's Cataloging-in-Publication Data

Names: Hansen, Grace, author.

Title: Tiburones azules / by Grace Hansen.

Other titles: Blue sharks. Spanish

Description: Minneapolis, MN : Abdo Kids, 2017. | Series: Tiburones | Includes bibliographical references and index.

Identifiers: LCCN 2016948048 | ISBN 9781624027086 (lib. bdg.) | ISBN 9781624029325 (ebook)

Subjects: LCSH: Blue shark--Juvenile literature. | Spanish language materials--Juvenile literature.

Classification: DDC 597.3/4--dc23

LC record available at http://lccn.loc.gov/2016948048

Contenido

Tiburones azules

No es fácil ver tiburones azules en la naturaleza. Viven en aguas profundas y frías.

El tiburón azul tiene el hocico largo. Sus ojos negros son grandes y redondos.

El tiburón azul es más

delgado que otros tiburones.

Sus aletas se ven grandes en

su delgado cuerpo.

Es uno de los tiburones más rápidos, es muy buen nadador.

Alimentación y caza

Los dientes de los tiburones azules son finos y afilados. Sus dientes y su velocidad hacen que sea un gran cazador.

A los tiburones azules les encanta comer calamares. También comen todo tipo de peces.

Los tiburones azules son animales **sociales**. Viven en grupos que se llaman **bancos**. La mayoría de los otros tiburones viven en solitario.

Crías de tiburón azul

Los tiburones recién nacidos se llaman **crías**. ¡Los tiburones azules dan a luz hasta 130 crías cada vez!

Las **crías** viven solas desde que nacen. Llegan a medir alrededor de 10 pies (3 m) de largo.

Más datos

- Raramente se pueden ver tiburones azules en la naturaleza. Si los vemos es porque están saltando fuera del agua. Saltan para cazar.

- Los tiburones azules pueden ser de muchas tonalidades de azul, desde azul claro a azul oscuro.

- Un tiburón azul puede sentir a muchas millas de distancia el latido del corazón de su presa.

Glosario

banco - grupo de peces que se alimentan y se mueven juntos.

cría - animal recién nacido.

social - que prefiere vivir con otros animales de su propia especie y no en solitario.

Índice

abdokids.com

¡Usa este código para entrar en abdokids.com y tener acceso a juegos, arte, videos y mucho más!

Código Abdo Kids:
SBK1514